Lena Kuhlmann

EINE GUTE FRAGE
für Eltern

Fragebuch für mehr Selbsterkenntnis
im Erziehungsalltag

EIN GUTER VERLAG

Eine gute Frage für Eltern
1. Auflage April 2022

Autorin
Lena Kuhlmann

Herausgeber*innen
Jan Lenarz, Milena Glimbovski

Verlag
Ein guter Verlag
EGP Verlag GmbH
Weisestr. 36
12049 Berlin

Druckerei
Eberl & Kœsel GmbH & Co. KG
Am Buchweg 1
87452 Altusried-Krugzell

Gestaltung
Jan Lenarz

Satz
Desirée Themsfeldt

Korrektorat
Mirja Wagner

ISBN
978-3-947087-43-3

Gedruckt auf 100 % Altpapier, das mit dem Blauen Engel ausgezeichnet ist. Dieses Buch wurde klimaneutral produziert. Mehr Infos dazu findest du auf www.einguter-plan.de/klimawandel. Wir unterstützen Verlage gegen Rechts.

myclimate neutral Drucksache
myclimate.org/01-21-351740

100 % Altpapier

ÖKO-FARBEN MIT PFLANZENÖL

VERLAGE GEGEN RECHTS

Warum es für dein Kind wichtig ist, dass du dich mit deiner Vergangenheit auseinandersetzt

In diesem Buch geht es um dich. Es geht um deine Kindheit und wie es sich für dich angefühlt hat, Kind zu sein. Es geht darum, wie du Familie erlebt hast, und um Muster aus deiner Vergangenheit. Es geht um Botschaften, sogenannte Glaubenssätze, die dir deine engsten Vertrauten mit auf den Weg gegeben haben. Es geht darum, wie du am Modell deiner Bezugspersonen gelernt hast, wie man mit Konflikten, Gefühlen und Herausforderungen umgehen kann. Nicht alles, was du erlebt hast, hat sich tief eingebrannt. Nicht alles, was du vorgelebt bekommen hast, hast du ungefiltert übernommen. Aber vieles davon hat dich sicher geprägt und beeinflusst dich wahrscheinlich auch heute noch – bewusst oder unterbewusst.

Der erste Teil dieses Buches beschäftigt sich also mit deiner Vergangenheit und deinen frühen Lebensjahren. Die Kindheit ist laut Tiefenpsychologie und Bindungsforschung eine sehr prägende Phase. Hier entsteht das Fundament der Psyche. Das, was wir in dieser Zeit erleben, kann großen Einfluss darauf haben, wie wir später unsere Kinder großziehen. Vor allem dann, wenn die Vergangenheit unbearbeitet bleibt.

Im zweiten Teil des Buches geht es um dich und dein Kind. Durch die bewusste Auseinandersetzung mit deiner Kindheit im ersten Teil wirst du eine neue Perspektive auf eure Beziehung bekommen. Vielleicht wirst du Zusammenhänge erkennen oder alte, eingefahrene Muster entdecken. Unsere

Fragen sollen dich dazu anregen, über dich und dein Kind und eure Beziehung nachzudenken. Sie bieten Raum für Gedanken und Gefühle. Selbstreflexion ist eine gute Möglichkeit für eine Bestandsaufnahme: Wo stehen wir? Wohin wollen wir? Das erfordert Mut und Offenheit und ist nicht immer schmerzfrei. Es werden Fragen dabei sein, die unangenehme Gefühle in dir auslösen können. Das ist okay! Wir finden es wichtig, dass darüber gesprochen werden darf, was herausfordernd ist, was dich belastet und worüber du dich sorgst. Bitte beachte aber auf jeden Fall unsere Hinweise auf der folgenden Seite.

Wenn du magst, lass die Fragen gern länger auf dich wirken. Es geht nicht darum, das Buch schnell abzuarbeiten, sondern um das, was Fragen auslösen können, wenn du sie eine Weile mitnimmst und in dir trägst. Deine Ansichten können sich über die Zeit verändern, weil Heranwachsen und Erziehung keinem klar vorgezeichneten Weg folgen. Wir hoffen daher, dass dich unsere Fragen über einen längeren Zeitraum begleiten und dir immer wieder interessante Einsichten schenken. Möchtest du einige Fragen schriftlich beantworten, findest du am Ende des Buchs viel Platz dafür. Trage dann bei der entsprechenden Frage in den grauen Kreis unten die Seitenzahl der Antwortseite ein. Bevor du nun loslegst, wünschen wir dir viele neue Erkenntnisse und spannende, weiterführende Gedanken und Gespräche.

Hinweise

Die aktive Auseinandersetzung mit Vergangenheit und Gegenwart kann schmerzlich sein und mitunter traumatische Erinnerungen zutage bringen. Durch die folgenden Fragen wirst du an unangenehme, belastende und längst verdrängte Situationen erinnert. Das kann psychische Krisen auslösen und dich sehr aufwühlen. Sorge also gut für dich, leg das Buch im Zweifel beiseite und rufe eine Vertrauensperson an, wenn du dich nicht gut fühlst. Sofern du in der Vergangenheit traumatische Erlebnisse hattest, ist dieses Buch – ohne therapeutische Begleitung – eher nicht für dich zu empfehlen. Grundsätzlich gilt: Du kannst jederzeit Fragen überspringen, wenn sie sich für dich nicht gut anfühlen.

Wir haben uns lange den Kopf darüber zerbrochen, welche Ansprache wir wählen, wenn wir über Wegbegleiter*innen von Kindern sprechen. Wir wollen niemanden ausgrenzen und haben daher Formulierungen wie „Mutter“ und „Vater“ komplett gestrichen und versucht, die Fragen möglichst neutral zu halten. Das ist uns nicht immer gelungen: Der von uns gewählte Elternbegriff ist nicht optimal, spricht nicht alle Leser*innen an und deckt auch nicht die vielen unterschiedlichen Familienkonstrukte ab. Wir haben uns letztendlich dennoch dafür entschieden, weil wir keine passendere Alternative gefunden haben. Sofern du dich damit nicht direkt angesprochen fühlst, bitten wir dich um Nachsicht. Wir hoffen, du kannst die Fragen auf deine Lebenssituation anpassen!

Du und deine Kindheit

Wie und mit wem bist du aufgewachsen?

FRAGE 2

Was ist deine erste Kindheitserinnerung?

FRAGE 3

Was weißt du über die Biografie deiner Eltern? Und die deiner Großeltern?

Wie würdest du die damalige Familienatmosphäre beschreiben?

FRAGE 5

Was hast du gern mit deinen Eltern unternommen?

FRAGE 6

Welche Rolle hattest du in deiner Familie?

FRAGE 7

Welcher Satz deiner Eltern ist dir noch heute in Erinnerung?

FRAGE 8

Welchen Stellenwert hatte Leistung in deiner Erziehung?

Wurdest du als Kind gelobt?
Wenn ja: Wofür?

Wie sah ein typischer Tag in deiner Familie aus?

FRAGE 11

Wer waren deine Vertrauenspersonen?

Wurdest du nach
bestimmten Werten erzogen?
Wenn ja: Welche waren das?

FRAGE 13

Worüber konntest du mit deinen Eltern lachen?

Wie bist du als Kind mit deiner Traurigkeit umgegangen? Wie haben deine Eltern reagiert, wenn du traurig warst?

Mit welchen drei Worten würdest du die damalige Beziehung zu deinen Eltern beschreiben?

Wie ist man in deiner Familie mit Konflikten umgegangen?

FRAGE 17

Welchen Filmtitel würdest du deiner Kindheit geben?

Wie bist du als Kind mit deiner Wut umgegangen? Wie haben deine Eltern reagiert, wenn du wütend warst?

FRAGE 19

Was hast du damals gern gespielt?

FRAGE 20

Wie wurdest du umsorgt, wenn du krank oder verletzt warst?

An wen hast du dich gewandt, wenn du einen Rat oder Hilfe brauchtest?

Wovor hattest du als Kind Angst?
Wie haben sich deine Eltern verhalten,
wenn du ängstlich warst?

FRAGE 23

Wer war ein gutes Vorbild für dich im Umgang mit Gefühlen?

Haben sich deine Eltern bei dir entschuldigt? Wenn ja: Wie?

Wie haben deine Eltern reagiert, wenn du dich nicht an Vereinbarungen gehalten hast?

Erinnerst du dich an ein Ereignis in deiner Kindheit, bei dem du stolz auf dich warst? Wenn ja: Was und wann war das?

Welche nahestehenden Personen oder Tiere hast du in deiner Kindheit und Jugend verloren?

Wie bist du mit Verlusten umgegangen? Wie sind deine Eltern mit Verlusten umgegangen?

FRAGE 29

Kannst du dich an eine Situation erinnern, in der deine Eltern geweint haben? Wenn ja: Welche war das?

Wie wurde in deiner Familie über Gefühle gesprochen?

Was war dein größter Kindheitstraum?

*Gab es in deiner Familie
Themen oder Ereignisse, über die
heute niemand mehr spricht?
Wenn ja: Welche sind das?*

FRAGE 33

Was sagen deine Eltern darüber,
wie du als Kind warst?

Wie würdest du die Beziehung zu deiner Familie beschreiben, nachdem du von zu Hause ausgezogen bist.

FRAGE 35

Was hast du aus der Beziehung mit deinen Eltern gelernt?

*Hattest du jemals das Gefühl,
deine Eltern enttäuscht zu haben?
Wenn ja: Worum ging es dabei?*

FRAGE 37

Welche drei Eigenschaften beschreiben deine Eltern in deiner Kindheit am besten?

Hast du noch heute das Gefühl, die Erwartungen deiner Eltern erfüllen zu müssen? Wenn ja: Inwiefern?

Warst du gern Kind?
Wenn ja: Was hat dir daran gefallen?
Wenn nein: Was hat dir daran nicht gefallen?

FRAGE 40

Welche besonderen Ereignisse in deiner Kindheit haben dich geprägt?

Wie ging es dir, wenn du über Nacht von deinen Eltern getrennt warst?

Welche Kuscheltiere oder Objekte waren dir als Kind wichtig?

*Wer waren deine Kindheitsheld*innen?*

Wenn du für jedes
einzelne Mitglied deiner Familie
ein Tier wählen müsstest:
Welches wäre es und warum?

Was würdest du deinem jugendlichen Ich raten?

Was weißt du über deine Geburt, deine Säuglingszeit und das Kleinkindalter?

Hattest du in deiner Kindheit und Jugend bestimmte Interessen? Wenn ja: Welche?

FRAGE 48

Was wünschst du dir von deinen Eltern?

Was ist deine schönste Kindheitserinnerung?

Was würdest du deinen Eltern gern noch sagen?

Du und dein Kind

FRAGE 51

Welche Personen fallen dir ein, wenn du an den Begriff »Familie« denkst?

Erinnerst du dich noch an den Moment, als du dein Kind zum ersten Mal gesehen hast? Wenn ja: Wie hat sich das angefühlt?

FRAGE 53

Was unternimmst du gern mit deinem Kind?

Worüber habt ihr zuletzt gelacht?

Wann hast du dein Kind das letzte Mal von dir aus umarmt?

Was klappt bei euch in der Familie besonders gut?

Welche Werte willst du deinem Kind vermitteln?

Gibt es Rituale aus deiner Kindheit und Jugend, die du mit deinem Kind weiterführen möchtest?
Wenn ja: Welche?

FRAGE 59

Wie reagierst du, wenn dein
Kind traurig ist?
Und wie, wenn es wütend ist?
Wie reagierst du, wenn dein
Kind ängstlich ist?

Was kann dein Kind von dir über den Umgang mit Gefühlen lernen?

Wie geht es dir, wenn du längere
Zeit von deinem Kind getrennt bist?
Wie geht es deinem Kind
mit der Trennung?

Was tust du, wenn sich dein Kind nicht an Vereinbarungen hält?

FRAGE 63

Mit welchen drei Eigenschaften würde dich dein Kind beschreiben?

Ähnelt dein Erziehungsverhalten in manchen Situationen dem deiner Eltern? Wenn ja: In welchen?

Was tust du, um dein Stresslevel im hektischen Alltag mit Kind zu senken?

Wie sieht ein schöner Tag mit deinem Kind aus?

Worin willst du für dein Kind noch besser werden?

An welche Erinnerung mit deinem Kind denkst du nicht gern zurück?

Wie umsorgst du dein Kind, wenn es krank oder verletzt ist?

Wie viel ungeteilte Aufmerksamkeit hast du deinem Kind in der letzten Zeit geschenkt?

Was würdest du in der Erziehung gern anders machen?

Machst du dir Sorgen um dein Kind?
Wenn ja: Welche?

Wie gut gelingt es dir,
dein Kind loszulassen?

FRAGE 74

Wo holst du dir erzieherischen Rat,
wenn du mal nicht mehr weiterweißt?

Machst du dir bezogen auf dein Kind Vorwürfe? Wenn ja: Welche?

Welche drei Worte beschreiben dich in deiner Elternrolle am besten?

Wofür hast du dein Kind zuletzt gelobt?

Vor welchen Entwicklungsherausforderungen steht dein Kind?

Wer oder was könnte deinen Alltag mit Kind erleichtern?

Was fordert dich in der Elternrolle am meisten?

Wie gut gelingt es dir, eigene Fehler einzugestehen und dich bei deinem Kind zu entschuldigen?

Was hättest du gern vor der Geburt deines Kindes gewusst?

Welche Situation im Erziehungsalltag bietet viel Konfliktpotenzial?

Was ist deine erzieherische Stärke?

Wie gut kannst du die Gefühle deines Kindes akzeptieren, ohne sie zu beurteilen oder ändern zu wollen?

Welche Situationen mit deinem Kind kannst du schwer aushalten?

Was wünschst du dir für dein Kind, wenn es erwachsen ist?

FRAGE 88

Möchtest du für dein
Kind ein Vorbild sein?
Wenn ja: Worin?
Wenn nein: Warum nicht?

Welche Stärken hat dein Kind?

Wofür interessiert sich dein Kind?

Welche Botschaft willst du deinem Kind mitgeben?

Was ist das Schönste für dich am Elternsein?

Welche drei positiven Eigenschaften beschreiben dein Kind am besten?

FRAGE 94

Welche Personen außerhalb deiner Familie sind wichtig für dein Kind?

Wie gut gelingt es dir, die Bedürfnisse deines Kindes zu erkennen?

FRAGE 96

Worin ähnelt dir dein Kind?

Was brauchst du, um gut für dein Kind da zu sein?

Was kannst du von deinem Kind lernen? Was kann dein Kind von dir lernen?

Wann fühlst du dich deinem Kind besonders nahe?

Was ist gerade wichtig für euch?

Antworten und Notizen

Antwortseite 1

Antwortseite 2

Antwortseite 4

Antwortseite 6

Antwortseite 8

Antwortseite 10

Antwortseite 12

Antwortseite 14

Antwortseite 16

Antwortseite 18

Antwortseite 20

Antwortseite 22

Antwortseite 24

Antwortseite 26

Antwortseite 28

Antwortseite 30

Antwortseite 32

Antwortseite 34

Antwortseite 36

Antwortseite 38

Antwortseite 40

Antwortseite 42

Antwortseite 44

Antwortseite 46

Antwortseite 48